AF466146

NOTICE

Historique et Documentaire

SUR LA QUESTION

DU

French-Shore à Terre-Neuve

(1713 à 1899)

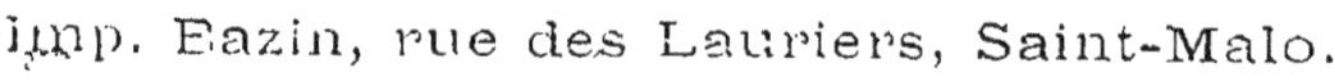

Imp. Bazin, rue des Lauriers, Saint-Malo.

1899

NOTICE

Historique et Documentaire

Sur la Question

DU

FRENCH-SHORE A TERRE-NEUVE

(1713 à 1899)

Le Comité du Syndicat de la grande pêche, formé des armateurs de Saint-Malo, de Saint-Servan, de Cancale et de Saint-Pierre-Miquelon, a chargé deux de ses membres de recueillir et de condenser dans une notice les différents documents et les phases diverses de la question du French-Shore, encore palpitante d'intérêt malgré que la solution en ait été ajournée.

C'est là le modeste travail offert aux lecteurs dans le but de vulgariser, auprès des intéressés, cette question importante de notre marine marchande, et de faire prévaloir au grand jour le bon droit séculaire de la France.

Il faut avant tout se rendre compte que, si, d'un côté comme de l'autre, notre situation au French-Shore est des plus anormales, elle est due à des événements malheureux qui vont bientôt dater de près de deux siècles, et remontent, par conséquent, aux dernières années du règne du Grand Roi Louis XIV, parvenu au déclin de sa majestueuse grandeur.

En effet, avant ce traité d'Utrecht (1713), postérieur d'un an seulement à la victoire de Villars à Denain, qui sauva la France, nous étions les propriétaires, les possesseurs incontestés non-seulement de l'ile de Terre-Neuve, mais de bien d'autres belles colonies situées dans les Amériques du Nord et du Sud : c'est du moins un souvenir glorieux de nos aptitudes colonisatrices.

Les événements malheureux d'une longue guerre, et peut-être plus encore l'inconstance dans la colonisation lointaine qui commençait à se faire jour, nous ont fait perdre Terre-Neuve et tout ce bel apanage colonial dont s'enorgueillissent aujourd'hui nos rivaux.

Du moins, devons-nous rendre cette justice à nos gouvernants de cette époque que, malgré leur dédain et leur insouciance de la colonisation, ils ont eu la préoccupation patriotique et économique de sauvegarder, par le seul moyen à leur disposition, la vitalité et la continuité du génie de notre population maritime dans l'industrie nationale des grandes pêches.

Nos gouvernants d'aujourd'hui ne peuvent, sans déchoir, se départir à aucun titre d'un si bel exemple, d'un tel acte de prévoyance accompli certainement dans des conditions plus critiques, plus défavorables que celles que nous traversions à la suite de revendications aussi impérieuses qu'injustifiées.

Des Traités

Ces actes de cession et de rétrocession ont été ratifiés par les traités et les déclarations réciproques des 13 mars et 11 avril 1713, 10 février 1763 et 3 septembre 1783. Tels sont les documents originaux de nos droits au French-Shore, à Terre-Neuve.

D'après un usage longtemps adopté et suivi dans toutes les cours européennes, les traités et documents diplomatiques étaient rédigés en langue française pour ne prêter à aucune ambiguïté. Ainsi le furent les traités d'Utrecht 1713, de Paris 1763, de Versailles 1783, et les déclarations royales émises à cette même date.

Prenant acte de la rédaction en français de ces documents originaux, il ne peut y avoir pour nous la moindre fausse interprétation de ces textes diplomatiques, pas plus que d'ambiguïté dans les termes employés ; ce qui, au contraire, peut facilement se rencontrer dans une traduction soit impropre, soit incomplète, faite en une langue étrangère. Il est reconnu, en effet, que notre langue ne le cède à aucune autre pour la netteté et la clarté du langage approprié à notre idiôme, dérivant du grec et du latin.

Reproduisons textuellement l'art. 13 du traité d'Utrecht (13 mars et 11 avril 1713), pour bien établir la base de nos droits :

« Art. 13. — Lisle de Terreneuve avec les isles adjacentes appartiendront désormais absolument à la Grande-Bretagne, et à cette fin le Roy Très Chrétien fera remettre à ceux qui se trouveront à ce commis en ce païs-là, dans l'espace de sept mois à partir du jour de l'échange des ratifications de ce traité, ou plus tôt si faire se peut, la ville et le fort de Plaisance et autres lieux que les Français pourraient encore posséder dans la dite isle, sans que le dit Roy Très-Chrétien, ses héritiers ou ses successeurs, ou quelques-uns de ses sujets, puissent désormais prétendre quoi-que ce soit, et en quelque temps que ce soit, sur la dite isle et les isles adjacentes, en tout ou en partie. Il ne leur sera pas permis non plus d'y fortifier aucun lieu, ni d'y établir aucune habitation en façon quelconque, *si ce n'est des échafauds et cabanes nécessaires et usités pour sécher le poisson*, ni aborder dans la dite isle dans d'autre temps que celui qui est propice pour pêcher et nécessaire pour sécher le poisson. Dans la dite isle, il ne sera pas permis aux dits sujets de la France de pêcher et de sécher le poisson en aucune partie que depuis le lieu appelé cap de Bona-Vista jusqu'à l'extrémité septentrionale de la dite isle, et de là en suivant la partie occidentale jusqu'au lieu appelé pointe Riche. »

Tel est le texte très net et très explicite de ce premier traité, qui est la base fondamentale de nos droits sur le French-Shore, concédés à la France en compensation de l'abandon qu'elle faisait de toute l'île de Terre-Neuve. Cette modeste compensation, qui résulte de l'accord des hautes parties traitantes, ne peut être discutée ; elle est en quelque sorte la servitude passive du contrat d'échange passé ; elle en forme la consécration intégrante, inéluctable pour l'une comme pour l'autre des parties contractantes.

Cinquante ans plus tard, le 10 février 1763, intervient le traité de Paris, signé dans notre capitale, entre la France, l'Espagne et la Grande-Bretagne ; ce traité confirme encore plus explicitement nos droits et prérogatives découlant des conventions de rétrocession.

En voici les termes :

« ART. 5. — Les sujets de la France auront *liberté* de la pêche et de la sécherie sur une partie des côtes de l'île de Terre-Neuve, telle qu'elle est spécifiée par l'art. 13 du traité d'Utrecht, lequel article est renouvelé et confirmé par le présent décret.....

ART. 6. — Le roi de la Grande-Bretagne cède les îles Saint-Pierre-et-Miquelon, *en toute propriété*, à Sa Majesté Très-Chrétienne pour servir d'abri aux pêcheurs français, et Sa Majesté Très-Chrétienne s'oblige à ne point fortifier les dites îles, à n'y établir que des bâtiments civils pour la commodité de la pêche. »

Ce deuxième traité, de cinquante ans postérieur à celui d'Utrecht, confirme d'une manière absolue nos droits et privilèges sur le French-Shore, et les complète par la rétrocession *en toute propriété des îles Saint-Pierre-et-Miquelon*, avec cette restriction bien originale qui cadre mal avec les mots « en toute propriété, » « de ne point les fortifier et de n'y établir que des bâtiments civils pour la commodité de la pêche. »

Vingt ans plus tard, le 3 septembre 1783, intervient le troisième traité, signé à Versailles entre la France et la Grande-Bretagne, lequel stipule :

« ART. 4. — Sa Majesté le Roi de la Grande-Bretagne est maintenu en la propriété de l'île de Terre-Neuve et des îles adjacentes, ainsi que le tout lui a été annexé par l'art. 13 du traité d'Utrecht, à l'exception des îles Saint-Pierre-et-

Miquelon, lesquelles sont cédées en toute propriété par le présent traité à Sa Majesté Très-Chrétienne.

Art. 5. — Sa Majesté le Roi Très-Chrétien, pour prévenir les querelles qui ont eu lieu jusqu'à présent entre les deux nations française et anglaise, consent à renoncer au droit de pêche qui lui appartient, en vertu de l'art. 13 sus-mentionné du traité d'Utrecht, depuis le cap Bonavista jusqu'au cap St-Jean, situé sur la côte orientale de Terre-Neuve, par les 50 degrés de latitude septentrionale. Et Sa Majesté le Roi de la Grande-Bretagne consent de son côté que la pêche assignée aux sujets de Sa Majesté Très-Chrétienne, commençant au dit cap St-Jean, passant par le nord et descendant par la côte occidentale de l'île de Terre-Neuve, s'étende jusqu'à l'endroit appelé cap Raye, situé au 47° 50' de latitude. Les pêcheurs français jouiront de la pêche qui leur est assignée par le présent article, comme ils ont eu droit de jouir de celle qui leur est assignée par le traité d'Utrecht. »

L'économie du traité de Versailles de 1783 a été, d'un commun accord, de réduire nos droits de pêche sur la côte Est de Terre-Neuve, du cap Saint-Jean au cap Bonavista, et, au contraire, de les augmenter sur la côte Ouest, de la pointe Riche au cap Raye. En plus du changement de délimitation côtière, les îles Saint-Pierre-et-Miquelon nous sont rétrocédées cette fois sans aucune restriction, en toute propriété.

Des Déclarations de 1783

Comme commentaires au traité du 3 septembre 1783, les ambassadeurs de France et d'Angleterre y ont joint deux déclarations réciproques de même date, qui viennent compléter et expliquer les termes dudit traité, qui, par ce fait, comme traité définitif, remplace celui d'Utrecht. Voici, à titre de document diplomatique, celle de lord Manchester :

« Le Roi, étant entièrement d'accord avec Sa Majesté Très Chrétienne sur les articles du *traité définitif*, cherchera tous les moyens qui pourront non-seulement en assurer l'exécution, avec la bonne foi et la ponctualité qui leur sont connues, mais de plus donnera, de son côté, toute l'efficacité possible aux principes qui empêcheront jusqu'au moindre germe de dispute à l'avenir.

» A cette fin, et pour que les pêcheurs des deux nations ne fassent point naître des querelles journalières, Sa Majesté Britannique prendra les mesures les plus positives pour *prévenir que ses sujets ne troublent en aucune manière par leur concurrence la pêche des Français*, pendant l'exercice temporaire qui leur est accordé, sur les côtes de l'île de Terre-Neuve ; et elle fera retirer à cet effet les établissements sédentaires qui y seront formés. Sa Majesté Britannique donnera des ordres pour que les pêcheurs français ne soient pas gênés dans la coupe de bois nécessaire pour la réparation de leurs échafaudages, cabanes et bâtiments de pêche.

» L'art. 13 du traité d'Utrecht et la méthode de faire la pêche qui a été de tout temps reconnue sera le modèle sur lequel la pêche s'y fera. On n'y contreviendra pas, ni d'une part ni de l'autre ; les pêcheurs français ne bâtissant rien que leurs échafaudages, se bornant à réparer leurs bâtiments de pêche et n'y hivernant point ; les sujets de Sa Majesté Britannique, de leur part, ne molestant aucunement les pêcheurs français durant leurs pêches, ni ne dérangeant leurs échafaudages durant leur absence.

» Le Roi de la Grande-Bretagne, en cédant les isles St-Pierre-et-Miquelon à la France, les regarde comme cédées afin de servir réellement d'abri aux pêcheurs français, et dans la confiance entière que ces possessions ne deviendront point un objet de jalousie entre les deux nations, et que la pêche entre les dites isles et celle de Terre-Neuve sera bornée à mi-canal.

» Donné à Versailles, le 3 septembre 1783.

» MANCHESTER. »

Contre-déclaration

« Les principes qui ont dirigé le Roi dans tout le cours des négociations qui ont précédé le rétablissement de la paix, ont dû convaincre le Roi de la Grande-Bretagne que Sa Majesté n'a eu d'autre but que de la rendre solide et durable en prévenant, autant qu'il est possible, dans les quatre parties du monde, tout sujet de discussion et de querelle. Le Roi de la Grande-Bretagne met indubitablement trop de confiance dans la droiture des intentions de Sa Majesté, pour ne point se reposer sur l'attention constante qu'Elle aura d'empêcher que les isles Saint-Pierre-et-Miquelon ne deviennent un objet de jalousie entre les deux nations.

» Donné à Versailles, le 3 septembre 1783.

» GRAVIER DE VERGENNES. »

Tels sont les commentaires apportés par les deux plénipotentiaires à l'appui du traité de Versailles du même jour. On y voit que cet arrangement de bonne entente est qualifié de traité définitif; qu'il sera exécuté avec la bonne foi et la ponctualité connues du roi d'Angleterre pour empêcher à l'avenir le moindre germe de dispute. Pour arriver à ces fins, Sa Majesté Britannique prendra les mesures les plus positives non pas seulement pour arrêter, mais même pour prévenir que ses sujets *ne troublent en aucune manière* par leur concurrence la pêche des Français.

On ne peut être plus clair et plus précis pour bien spécifier et consacrer notre droit exclusif de pêche, exempt de concurrence et même du moindre trouble.

Quant à la cession des îles Saint-Pierre-et-Miquelon, elle la considérait avec juste raison à cette époque de si peu d'importance qu'elles ne devaient pas devenir un objet de jalousie dans cette circonstance. La clairvoyance de Sa Majesté Britannique a été mise en défaut par les ombrageux Terre-Neuviens, qui ne suscitent toutes ces difficultés à leur Mère-Patrie que par jalousie commerciale contre St-Pierre, auquel ils ne peuvent pardonner d'être le centre d'opérations de nos grandes pêches nationales. Ils ont tout fait pour faire disparaître cet unique vestige de nos immenses possessions d'autrefois ; leur dernière tentative témoigne assez haut de l'acharnement qu'ils mettent à chercher à atteindre leur but, qui est, ni plus ni moins, de faire disparaître une dualité commerciale gênante assurément. La contre-déclaration de notre ministre plénipotentiaire ne fait que compléter et préciser celle de son collègue l'ambassadeur de Sa Majesté Britannique.

Avant de continuer, il est bon de constater que les trois traités et les deux déclarations ont été rédigés en français. Cette constatation a cette importance que ces textes comportent l'expression « troublée » et non celle « interrompue » (traduction anglaise), qui n'a ni la même valeur ni la même portée.

Dans la traduction française de l'acte législatif de George III, vingt-huitième année de son règne, il est dit. . . . .

« qu'il est édicté avec l'avis et le consentement » des lords spirituels et temporels et des communes, » réunis en la présente session du Parlement, et par » leur autorité, de donner au Gouverneur de Terre- » Neuve et à tous officiers dans cette colonie les » ordres et instructions jugés par Sa Majesté ou par » ses héritiers et successeurs convenables et néces- » saires pour atteindre les objets du traité définitif » et de la déclaration précités pour enlever ou faire » enlever tous chauffauds, claies, matériel et autres » installations quelconques servant à la pêche, cons- » truits par les sujets de Sa Majesté sur cette partie » de la côte de Terre-Neuve qui s'étend du cap » Saint-Jean au cap Raye, ainsi que pour écarter ou » faire écarter tous vaisseaux, navires et bateaux » appartenant aux sujets de Sa Majesté qui seraient » trouvés dans les limites susdites, et, en cas de » refus de quitter les parages ci-dessus spécifiés, d'y » contraindre par la force les sujets de Sa Majesté, » nonobstant tous lois, usages et coutumes con- » traires. »

Est-il possible de préciser d'une manière plus positive notre droit exclusif de pêche que par ce règlement du Parlement interdisant même à tous vaisseaux, navires et bateaux de se trouver dans ces parages, sous peine d'y être contraints par la force et passibles d'une amende de 200 livres (5.000 fr.).

Après les guerres de la Révolution et de l'Empire, les traités de 1814 et 1815 ne font que rétablir l'ancien état de choses, sans la moindre modification. Ce qui fait dire à un auteur anglais : « C'est » déplorable que la liquidation des grandes guerres » de l'Empire Napoléonien ne fût pas choisie comme

» l'occasion du règlement des questions extraordi-
» nairement dangereuses qui étaient alors en suspens
» et qui le sont encore entre la France et nous, à la
» fois à Terre-Neuve et aux Indes ; » occasion perdue que l'on cherche à faire renaître en violentant au besoin la bonne foi des engagements pris et acceptés de part et d'autre.

De la Convention de 1857

Mettons sous les yeux de nos lecteurs les principaux textes de la convention du 14 janvier 1857, établie à Londres par les deux ministres plénipotentiaires de Sa Majesté Britannique avec notre ambassadeur le comte de Percigny :

« Art. 1er. — Les sujets français auront le droit exclusif de pêcher et de se servir du rivage pour les besoins de leur pêche pendant la saison spécifiée à l'art. 8 (du 5 avril au 5 octobre de chaque année).

» Art. 5. — Les sujets français auront le droit d'acheter l'appât, hareng et capelan, sur toute la côte Sud de Terre-Neuve, en y comprenant à cet effet les îles françaises Saint-Pierre-et-Miquelon, en mer ou à terre, sur le même pied que les sujets anglais, sans que la Grande-Bretagne ou la colonie puisse imposer aux sujets anglais aucune restriction dans la pratique de cette pêche, non plus qu'imposer aux sujets français ou anglais aucun droit ou restriction à l'occasion de cette transaction, ou sur l'exploitation du dit appât.

» Art. 9. — Les officiers de marine français seront fondés à mettre en vigueur les droits exclusifs de pêche des sujets français, tels qu'ils sont définis à l'art. 1er, en expulsant les navires ou bateaux qui tenteraient *de pêcher en concurrence*, toutes les fois qu'il n'y aura pas, dans un rayon de cinq milles marins, de croiseurs anglais en vue, ou dont la présence ait été notifiée.

» Art. 10. — Le rivage réservé à l'usage exclusif des Français s'étendra jusqu'à un tiers de mille anglais dans l'intérieur à partir de la haute mer, entre Bonne-Baie et le cap Saint-Jean, à un demi-mille anglais.

» Art. 11. — Aucun enclos ou construction anglaise ne pourra être fait ni maintenu sur le rivage réservé exclusivement aux Français, si ce n'est pour besoin de défense militaire ou d'administration publique. . . . .

. . . .

» Ces mesures comprennent le droit de déplacer la construction ou enclos, conformément aux stipulations qui précèdent..... »

Les termes de cette convention, qui n'est que la consécration des anciens traités, ont été élaborés et convenus à Londres même entre deux plénipotentiaires anglais et notre ambassadeur. Ce que la bonne foi anglaise admettait sans conteste en 1857, pourquoi ne l'a-t-elle pas admis par la suite ? Parce que cette convention, soumise, on ne sait pourquoi, au Parlement de Terre-Neuve, a été rejetée par cette assemblée, qui a jeté les hauts cris. A quel titre avions-nous besoin de la sanction de Terre-Neuve ? Est-ce avec Terre-Neuve que nous avions négocié les traités d'Utrecht, de Paris et de Versailles ? L'autonomie d'Etat indépendant de Terre-Neuve a-t-elle jamais été reconnue par une seule puissance, pour nous être imposée au moment où le sang français venait de couler en Crimée pour sauvegarder des intérêts anglais, qu'une incroyable impolitique de race et de dynastie a soutenus sans la moindre compensation dans le présent et dans l'avenir. A ce moment, on nous devait tout, et on ne nous a même pas octroyé de faire reconnaître nos droits séculaires découlant de traités sans ambiguïté. C'est le premier arrangement ayant échoué de par le fait de l'égoïsme des insulaires de Terre-Neuve, voulant tout pour eux, rien pour les autres ; ce ne sera pas le dernier, et leur égoïsme de race se manifestera en toute occasion par la suite, en violation de nos droits.

De 1857 à 1882, rien n'est modifié dans la situation réciproque des pêcheurs anglais et français, si ce n'est que les premiers, étant sur les lieux, empiètent de plus en plus sur nos droits exclusifs de pêche, qu'ils partagent d'abord avec nous, puis qu'ils prétendent exclusifs pour eux.

En 1882, paraît une note diplomatique du Foreign-Office révélant, comme toujours, les meilleures intentions du gouvernement anglais, mais non moins platoniques que les précédentes. Cet échange de vues s'établit, le 8 octobre 1882, entre lord Lyons, ambassadeur à Paris, et notre ministre des Affaires étrangères, qui en recevait la communication suivante :

. . . .

« Le but que l'on désire atteindre est d'assurer aux citoyens français *la jouissance la plus complète* de leur droit de pêcher et de sécher le poisson sur les côtes de Terre-Neuve dans les limites indiquées par les traités, et, en même temps, de donner satisfaction aux besoins des habitants de cette partie du littoral et de leur permettre de développer les ressources minérales et agricoles de la colonie. »

A cette note diplomatique de lord Lyons, qui n'était qu'une invitation à l'établissement d'un *modus vivendi* gros d'empiétements, notre ministre des Affaires étrangères répondait le 23 février 1883 :

. . . .

« Le gouvernement de la République adhère, en principe, au mode de procéder suggéré par le Cabinet anglais. Il doit toutefois être bien entendu que les termes employés par la communication de lord Lyons pour désigner l'objet ainsi assigné aux efforts communs des deux Cabinets n'impliquent pas entre les droits séculaires consacrés expressément à notre profit par les traités et des intérêts nés postérieurement d'une situation de fait contre laquelle nous avons toujours protesté, *une assimilation qui équivaudrait à la négation anticipée du principe même dont il s'agit de régler l'application.* »

Cette réponse de mise en garde précise bien de la défiance à l'endroit de nouveaux pourparlers, et elle entend ne point toucher, ou mieux laisser toucher à nos droits séculaires, mis hors de conteste malgré les empiétements dont ils avaient pu être l'objet de la part de nos rivaux. Notre diplomatie savait déjà à quoi s'en tenir en raison des attermoiements et des rebuffades que nous avions déjà dû subir de ceux qui, au premier abord, se disaient animés des meilleures intentions de tout concilier, et qui, en réalité, n'avaient que le désir d'obtenir de nouvelles concessions, sans velléité d'en accorder la moindre. C'est là, ni plus ni moins, de la pression diplomatique pour arriver plus facilement à l'obtention des desiderata sollicités.

Après plusieurs mois passés en échange de notes diplomatiques, sur la proposition et la demande de l'Angleterre, des délégués sont de nouveau nommés pour arriver à un arrangement international au sujet des affaires de Terre-Neuve.

Dans cet arrangement, signé le 26 avril 1884, on voit survivre la plus grande partie des clauses essentielles de la Convention de 1857, qui a le mieux défendu et précisé nos droits, notamment la clause relative à la boëtte, ainsi relatée à l'art. 16 :

« *Les pêcheurs français auront le droit d'acheter la boëtte, hareng et capelan, à terre ou à la mer, dans les parages de Terre-Neuve, sans droits ni entraves quelconques, postérieurement au troisième jour d'avril de chaque année et jusqu'à la fin de la saison de pêche.* »

Le 28 avril 1884, lord Lyons, au nom de son gouvernement, souscrivait aux clauses et conditions arrêtées d'un commun accord entre les commissaires délégués par les deux nations, et informait notre ministre des Affaires étrangères que l'Amirauté allait, conformément à l'arrangement intervenu, envoyer des instructions spéciales aux officiers de la Marine britannique chargés de la surveillance des pêcheries de Terre-Neuve. Ces instructions, visant les déclarations du 3 septembre 1783, stipulaient la reconnaissance de nos droits en ces termes :

« Vous aurez grand soin de faire respecter les *droits incontestés des Français* et d'empêcher qu'il ne soit porté atteinte à la libre jouissance de leurs droits par les pêcheurs anglais. »

Des instructions conformes étaient remises au commandant Bigrel, chef de la station de Terre-Neuve, qui était le commissaire français représentant nos revendications au sein de la Commission internationale.

Durant la campagne de pêche de 1884, nos officiers de marine n'eurent qu'à se louer de l'empressement que leurs collègues de la Marine britannique mettaient à prévenir les moindres froissements, en exécutant avec loyauté les dispositions du nouvel arrangement. Cependant, dès le 27 octobre de la même année, lord Lyons écrivait à notre ministre des Affaires étrangères :

« Le gouvernement de Sa Majesté Britannique estime que la Commission des pêcheries de Terre-Neuve se réunit prochainement à Paris afin d'examiner et de discuter les différents points qui ont été soulevés au sujet de l'arrangement signé en avril dernier. »

Comme en 1857, tout était arrangé pour le mieux au mois d'avril 1884, et d'accord entre les commissaires anglais et français ; mais aussi, comme en 1857, l'opposition du Parlement de Terre-Neuve vient faire échouer tous ces efforts de bonne volonté en soulevant des difficultés et des rectifications. Comme toujours, par courtoisie et bonne entente, notre gouvernement adhère, par communication du 4 novembre 1884, à cette demande de remaniement de ce qui avait été bel et bien convenu. Une fois de plus, il fait donc preuve de la plus grande conciliation en soumettant à une révision en quelque sorte prématurée l'arrangement intervenu et consenti un an à peine auparavant. Si encore des difficultés étaient survenues à l'occasion de la mise à exécution de cet arrangement, c'est qu'au contraire, au dire des officiers de marine des deux nations, tout s'était passé pour le mieux et comme dans le meilleur des mondes.

Pour des raisons que nous ignorons, il n'est pas

donné suite à ces pourparlers, et la réunion de la conférence projetée pour le courant du mois de novembre 1884 n'eut pas lieu.

C'est seulement dans les instructions adressées par l'Amirauté anglaise à ses officiers que l'on trouve les raisons et les motifs qui ont encore entravé la mise à exécution de l'arrangement conclu en bonne et due forme le 26 avril 1884. Les voici :

. . . .

« J'ai reçu des lords commissaires de l'Amirauté ordre de vous transmettre pour information et pour qu'il en soit donné communication aux officiers commandant les croiseurs de Sa Majesté chargés du service de la pêche sur les côtes de Terre-Neuve, une copie de l'arrangement signé à Paris par les commissaires britanniques et français, le 26 avril 1884, en vue de réglementer la pêche à Terre-Neuve, et qui a été soumis à l'approbation de leurs gouvernements respectifs. Cette approbation (il n'en avait jamais été question avant) n'a pas encore été donnée, parce que *les lois nécessaires* à l'exécution de cet arrangement n'ont *pas encore été votées par la législation coloniale*, et que, en l'absence de ces lois, le dit arrangement ne pourrait être appliqué dans son ensemble. Postérieurement à la signature de l'arrangement du 26 avril 1884 (le 27 octobre, après une campagne entière de mise à exécution favorable), le gouvernement de Terre-Neuve a insisté pour que certaines modifications y fussent apportées; des négociations sont actuellement encore poursuivies avec le gouvernement français *en vue d'obtenir ces modifications.* »

Une fois de plus, on s'aperçoit, comme en 1857, que l'Angleterre est tributaire de ses colonies, quand ce devrait être le contraire ; que ce sont les intrus du Parlement de Terre-Neuve qui font obstacle aux conventions consenties entre les deux gouvernements métropolitains. Ou, alors, faut-il admettre que, par ruse, l'Angleterre se sert de ce moyen peu loyal de nous arracher des concessions et de n'exécuter aucune de celles qui nous sont consenties par réciprocité.

Le 21 juillet 1885, notre ambassadeur, M. Waddington, fait pressentir à notre gouvernement que le Parlement de Terre-Neuve est dans l'intention de prohiber la vente des appâts aux pêcheurs étrangers. Voici les termes de cette communication :

. . . .

« En terminant cet entretien, Sir Claire Ford a confirmé les informations que je vous ai déjà fournies au sujet du *bill* qui avait pour but de prohiber la vente des appâts aux pêcheurs étrangers à Terre-Neuve. Il a déclaré que cette mesure ne visait que la baie de Fortune, au sud de l'île, qui n'est pas comprise dans la région des pêcheries françaises, et qu'elle ne s'appliquerait *qu'aux pêcheurs américains !!* »

Dès ce moment, le vote et la mise en vigueur du *Bait-Bill* est chose décidée, non pour atteindre les *pêcheurs américains*, comme on le fait entendre à notre ambassadeur, qui s'y laisse prendre, faute d'être renseigné, mais dans le but sciemment médité de ne frapper que les pêcheurs français. Voilà la vérité et il ne faut pas aller la chercher ailleurs, malgré toutes les précautions et les arguties de langage employées pour nous endormir sur la gravité et la mauvaise foi de l'acte prémédité contre notre industrie nationale.

A la manière succincte et accidentelle dont est présentée cette prohibition de vente et d'exportation de la boëtte, on voit que nos diplomates ne se sont pas rendu compte de l'importance vitale que cette prohibition pouvait avoir pour notre industrie nationale.

Malgré cette pression de la menace du *Bait-Bill*, nos gouvernants acceptent, le 15 novembre 1886, de remanier l'arrangement du 26 avril 1884 suivant les indications et les réclamations du Parlement de Terre-Neuve, auquel, encore une fois, il est donné satisfaction.

Après tant de preuves d'abnégation et de désirs de bonne entente, il était donc à supposer que cet arrangement, remanié suivant les desiderata des Terreneuviens, allait devenir et définitif et concluant, grâce aux concessions consenties par nos gouvernants. Il n'en fut rien, malgré l'envoi d'un délégué spécial chargé de défendre les termes de l'arrangement du 14 novembre 1885 devant le Parlement de Terre-Neuve.

Des représailles par le Bait-Bill

Non-seulement contre toute attente, l'arrangement du 14 novembre 1885, remanié sur la demande de nos adversaires, ne fut pas sanctionné, mais ce fut ce même jour, 18 mai 1886, que, dans une séance à huis-clos, fut délibéré et voté par esprit de représailles le *Bait-Bill* interdisant la vente et l'exportation de la boëtte. Cet acte, que l'on pourrait qualifier de blocus terreneuvien en temps de paix, était la négation la plus absolue de la possibilité d'une entente : Terre-Neuve se refusait à tout, mais, en revanche, se permettait tout, en violation flagrante de nos droits, consacrés non pas une fois, mais dix fois pour une.

En effet, la mise à exécution de ce Bait-Bill n'allait-elle pas violer ce passage de la convention du 3 septembre 1783, signée de lord Manchester :

« L'article 13 du traité d'Utrecht et la méthode » de faire la pêche, qui a été de tout temps reconnue, » sera le modèle sur lequel la pêche s'y fera : *on n'y » contreviendra pas, ni d'une part ni de l'autre.* »

Dans ce même ordre d'idées s'exprimaient la convention de 1857 et les arrangements de 1884 et 1885, tous trois adoptés par le gouvernement anglais, qui stipulait, d'accord avec ses co-traitants : « Les sujets français auront le droit de pêcher l'appât, » hareng et capelan, sur toute la côte Sud de Terre-» Neuve, en y comprenant à cet effet les îles fran-» çaises de Saint-Pierre et Miquelon, en mer ou à » terre, sur le même pied que les sujets anglais, sans » que la Grande-Bretagne ou la colonie puisse im-» poser aux sujets français ou anglais aucun droit ou » restriction à l'occasion de cette transaction, ou sur » l'exportation du dit appât. »

Ceux qui ont libellé ces textes étaient bien des diplomates anglais investis de pouvoirs réguliers. Après des règlements aussi coërcitifs, qui ont été la cause de soulèvements d'une population affamée par ses gouvernants, que l'on ne vienne donc pas dire et soutenir que nous sommes les agresseurs, quand, au contraire, victimes de notre ardent désir de conciliation, nous nous soumettons à toutes les réclamations de ces insulaires devenus de plus en plus inconciliables, avec lesquels nous ne devrions même pas discuter, parce qu'ils n'ont jamais été accrédités comme Etat soit libre, soit indépendant.

Aux différentes observations de notre diplomatie, lord Roseberry répond que nos officiers ont outrepassé leur droit en faisant la police dans les eaux anglaises de Terre-Neuve, quand on sait que jamais le moindre conflit de ce genre n'a éclaté entre les officiers des deux marines de guerre, qui avaient soin de se renseigner réciproquement sur les litiges par eux réprimés. Comment un diplomate anglais peut-il, sans oublier un passé récent qui n'a rien de caduc, par suite de rénovation, comment peut-il soutenir que nos officiers ont outrepassé des droits qui sont tout au long précisés et commentés dans les conventions de 1857, 1884 et 1885, élaborées par les plus grands hommes d'Etat anglais.

Au sujet du Bait-Bill prohibant la vente et l'exportation de la boëtte, le gouvernement de la Grande-Bretagne, fidèle à sa tactique, insinue d'abord, pour nous endormir, qu'il ne l'approuvera pas, puis semble s'y résoudre en faisant valoir la seule et unique raison qui en soit le mobile :

. . . .

« Lord Salisbury me répondit que, depuis l'arrangement de 1885, les circonstances avaient changé, que les pêcheries anglaises de Terre-Neuve *étaient écrasées par notre système de primes*, et qu'à son avis la libre vente de la boëtte était une question sur laquelle on pouvait discuter..... »

. . . .

Lord Salisbury se plaint d'une situation qui existe depuis plus de cinquante ans et qui n'avait jamais fait l'objet d'aucun grief, chacun étant libre chez soi. Ses dires, réédités aussi par sir Hilland, sont de pure invention oratoire, tendant, ni plus ni moins, à faire disparaître notre concurrence des marchés étrangers pour nous y remplacer à bref délai ; en un mot, un nouveau genre de monopolisation à notre détriment dont les conséquences, si on entrait dans cette voie, seraient la ruine et la suppression d'une bonne partie de notre marine marchande à voiles, qui trouve un emploi constant de ses navires tant à la pêche qu'au transport des produits de morue et des milliers de tonneaux de sel nécessaires. Ce serait enlever à 12 ou 15.000 marins d'élite de Normandie et de Bretagne le moyen de gagner leur vie et celle de leurs nombreuses familles. Ce serait, au point de vue de la défense nationale, priver l'Etat et la marine militaire d'une pépinière de solides marins, aguerris à la navigation la plus pénible et familiarisés avec les dangers les plus grands et les plus périlleux de l'existence maritime.

Sir Hilland est mal renseigné ou feint de l'être : ce qui fait végéter ses colons terreneuviens, ce sont les honteuses spéculations des gros négociants de Saint-John, qui ne paient les morues aux malheureux pêcheurs terreneuviens qu'un vil prix, et encore en denrées de consommation vendues le double de ce qu'elles valent.

Des Homarderies

Cette question de boëtte n'était, paraît-il, pas suffisante pour créer des difficultés tapageuses et retentissantes ; en même temps, l'on nous contestait la pêche du homard comme n'étant pas un poisson, mais un crustacé. « Les traités, disait-on, ont » concédé aux Français le droit de prendre ce qui se » pêche *(to fish)* et non ce qui se capture *(to cash)*. » Or, les homards se capturent et ne se pêchent » pas. » Nos diplomates firent remarquer avec raison que, dans le langage courant, on emploie le terme « pêcher » par rapport à des animaux autres que les poissons, par exemple, les huîtres et les écrevisses, qui ne sont cependant pas non plus des poissons. En 1883, les Terreneuviens se plaignaient de voir les Français exploiter des homarderies, quand, sur les parties inoccupées par nous, eux-mêmes avaient construit et exploité de très nombreuses usines à homards, sans que personne songeât à se plaindre en France, pas plus nos officiers de marine, qui en avaient certainement connaissance, que nos armateurs, qui renonçaient à se plaindre d'un abus ne les gênant pas dans la pratique de leur pêche. Où les conflits ont commencé à surgir, ce fut quand les Terreneuviens, pour fuir les fonds épuisés, fondèrent de nouvelles homarderies voisines de nos lieux de pêche occupés. Dans ces circonstances, les droits des Français étant exclusifs, les empiètements ne venaient pas de nous, et nos armateurs ont même poussé la condescendance de ne se plaindre que lorsque leur pêche de morue, de boëtte ou de homard se trouvait être paralysée par le fait de la présence d'un nouvel occupant.

Quant à la question des homards, sur laquelle on ergote, il est connu, aussi bien en Angleterre qu'en France, que tous les naturalistes de cette époque classaient les crustacés (homards, langoustes et écrevisses) dans la catégorie des poissons recouverts de croûte ou d'écorce dure. Pour s'en convaincre, il suffit de consulter Rondelet, Belon et Nunez, les auteurs d'histoire naturelle du temps. Donc, en aucune façon, la pêche du homard ne devrait être pratiquée par les pêcheurs anglais, parce que les traités ont garanti aux Français, sous des peines sévères édictées par les autorités britanniques, qu'ils ne seraient pas troublés dans l'exercice de leurs pêches par la concurrence des sujets anglais. Cette stipulation, si radicale et si rationnelle, deviendrait évidemment sans effet s'il était permis aux Anglais de pêcher le homard, car ce droit est essentiellement incompatible avec celui exclusif de pêcher la morue : l'une des deux industries doit disparaître et faire place à l'autre, sous peine de la rendre matériellement impossible. Quant aux chauffauds et cabanes, que l'on prétend ne pouvoir être établis qu'à titre temporaire, c'est là encore une erreur qui ressort des textes mêmes, puisque la déclaration de 1783 dit que les pêcheurs français sont autorisés, non-seulement à construire ces habitations, mais à les réparer, et elle défend aux sujets britanniques de déranger ces établissements en l'absence des Français. Pour qu'il y ait réparation, comme défense de dérangement, il faut aussi qu'il y ait permanence de ces modestes habitations : on ne répare pas, on ne protège pas ce qui n'existe pas.

Ce fut dans de telles conjonctures que M. Ribot et lord Salisbury prirent la résolution de recourir à un arbitrage pour traiter la question des homarderies, arbitrage que lord Salisbury défendit devant la Chambre des lords en ces termes énergiques :

. . . .

« Nous avons des intérêts très sérieux à défendre, » et nous avons aussi de grandes obligations contrac- » tées envers une puissance qui a, elle aussi, ses » susceptibilités. Et il est de notre honneur de remplir » ces obligations d'une manière scrupuleuse, en ayant » égard à la paix du monde et à la bonne harmonie » internationale. Ces obligations internationales sont » supérieures à tous les droits des habitants de Terre- » Neuve. Nous ne leur avons pas imposé le traité ; ils » sont allés dans un pays où le traité existait déjà et » faisait loi. Puisque nous devons supporter tout le » fardeau et toute la responsabilité, il est essentiel » que nous ayons les pouvoirs nécessaires pour » défendre nos intérêts ainsi que ceux de nos conci- » toyens, pour nous conformer au droit international, » pour remplir nos obligations conventionnelles, » enfin, pour *tenir la parole donnée par le pays.* »

Le 11 mars 1891, les arbitres désignés à Londres furent : M. de Martens, professeur de droit des gens à l'Université de Saint-Pétersbourg ; M. Rivier, consul général de Suisse à Bruxelles, président de l'Institut de droit international ; M. Gram, ancien membre de la Cour Supérieure de Norvège. Il avait été convenu que cette Commission se préoccuperait exclusivement des difficultés relatives à la pêche du homard et à sa préparation, et qu'elle écarterait de son programme les autres points litigieux. Ainsi, la question des homarderies fait, depuis 1891, l'objet d'un traité d'arbitrage formellement conclu entre la France et la Grande-Bretagne. Pourquoi une sentence arbitrale n'est-elle pas intervenue, qui aurait tranché définitivement ce litige ? C'est parce que l'Angleterre a reculé devant les menaces des Terreneuviens qui redoutaient à l'avance les conséquences de l'arbitrage. Elle a donc, une fois de plus, laissé protester la signature par elle apposée au bas de l'accord intervenu en 1891. Il n'y a donc pas d'exemple d'une violation pareille du droit des gens dans toute l'histoire des arbitrages internationaux. En effet, les traités instituant ce mode de résoudre les conflits par les voies pacifiques et pratiques n'ont jamais été méconnus par les parties contractantes. L'Angleterre a donc eu le tort immense de laisser le Parlement de Terre-Neuve, qui n'est qu'un modeste Conseil colonial, s'immiscer dans une affaire qui ne le regardait point, car la convention de 1891 a été directement conclue entre la France d'une part, et, de l'autre, l'Angleterre, puissance suzeraine représentant sa colonie. Voilà pourquoi les arbitres ne se sont pas réunis, pourquoi la question est encore pendante et devient de plus en plus intransigeante.

Comme nos droits à la pêche de la morue, ceux d'y pêcher et d'y préparer le homard sont incontestables et exclusifs. Du moment que les traités nous accordaient le droit de pêche, nous l'avions complet et sans restriction de pêcher, de capturer tout ce que la mer pouvait renfermer en fait de poissons et de crustacés quelconques. A propos de ces homarderies, les empiétements ne viennent que des Terreneuviens, qui se sont arrogé le droit d'occuper un rivage qui nous était réservé, et de nous entraver dans nos opérations de pêche au point de nous les prohiber par une occupation illégale et à eux interdite.

Du « Modus vivendi »

L'arbitrage de 1891 n'ayant pas plus abouti que les conventions de 1857, de 1884 et de 1885, les deux gouvernements métropolitains furent bien obligés d'avoir recours à un *modus vivendi*, autrement dit à un règlement au jour le jour des difficultés pouvant surgir. Ce furent les officiers de marine composant les deux stations anglaise et française de Terre-Neuve qui eurent mission de trancher les différends pouvant survenir, tout en prenant la précaution, chose difficile en pareille occurrence, qu'il ne soit pas porté atteinte aux principes et à la lettre des traités et des déclarations de 1783. Il est bon de rendre justice à l'impartialité et à la courtoisie des officiers anglais, faisant contraste avec l'acrimonie croissante des Terreneuviens ; les Anglais, d'accord avec nos officiers, se sont toujours efforcés d'aplanir et d'arranger les difficultés les plus aiguës.

Le *modus vivendi*, comme toutes les temporisations contraires à un droit acquis, nous était défavorable, puisque, contrairement aux traités, il mettait les Terreneuviens sur le même pied d'égalité que nous, les autorisant et nous autorisant à ouvrir une homarderie au fur et à mesure que les sujets de l'une ou de l'autre nation en ouvriraient une nouvelle. Notons que ce procédé, tout à notre détriment, fut exploité déloyalement par les Terreneuviens, qui avaient si peu d'intérêt à occuper ces homarderies, qu'ils les concédèrent immédiatement à des marins étrangers de la Nouvelle-Ecosse et du Canada. Ce qui démontre clairement une fois de plus que ce que cherche Terre-Neuve, c'est de nous expulser de ses côtes, sans même pouvoir nous y remplacer, de manière à assurer, sans profit pour lui, le monopole d'une industrie qui a son importance commerciale non négligeable à des étrangers à la population terreneuvienne provenant du Dominion.

Non-seulement cette concurrence constitue un empiétement sur nos droits, mais elle est de nature à ruiner cette nouvelle industrie par la façon, sinon malveillante, au moins maladroite, dont la pêche est pratiquée sans réglementation aucune, ce qui, en quelques années, a déjà épuisé les fonds où se trouvaient les homards, comme ont été ruinés les fonds où gisait la morue, par l'emploi de trappes de barrage défendues par les traités.

Des Mines et des Exploitations agricoles

C'est une vaste plaisanterie, véritable fumisterie, de parler d'exploitations agricoles à Terre-Neuve, sous un climat brumeux et froid les trois-quarts de l'année. Tout au plus, pendant ces quelques mois où le soleil se fait rare, peut-on s'adonner à la culture maraîchère ; encore est-il connu que cette culture ne peut s'exercer sur les terrains baignés par la mer ou à proximité des bourrasques en venant, qui brûlent les végétations exposées à son souffle glacial.

Il faudrait ne pas connaître Terre-Neuve pour subir ces inventions quand on sait que ses pauvres habitants ont bien de la peine à cultiver un malheureux carré de choux et de pommes de terre pour leur usage personnel. Voilà les grandes exploitations agricoles dont Terre-Neuve est susceptible de devenir le centre. Comme on le voit, Cérès n'est pas encore sur le point de transporter le génie de l'Agriculture de ce côté de l'Atlantique.

Quant aux richesses minières, on dit que Terre-Neuve recèle des mines de toutes sortes, qui feront un jour la richesse et le bonheur des Terreneuviens. C'est à souhaiter ! Mais, en tous les cas, ce n'est pas le French-Shore qui en a empêché ou retardé l'exploitation ; il y a quelque chose de plus indispensable qui manque et que les Américains pratiques fourniraient peut-être : un chemin de fer longeant le littoral à peu de distance est déjà établi ; quant aux ports, il n'y a que l'embarras du choix. Au reste, les Français n'ont jamais fait d'objections à ces exploitations, qui sont encore à rentrer dans la réalité de la mise à exécution.

Cela est si vrai que la convention de 1885 en stipulait l'accommodement dans les termes suivants :

« Nonobstant l'interdiction stipulée à la fin de l'article précédent, dans le cas où une mine serait découverte dans le voisinage d'un des parties du littoral comprises dans l'état annexé au présent arrangement, le gouvernement de la République Française s'engage à ne point s'opposer à ce que les intéressés jouissent, pour l'exploitation de la dite mine, des facilités compatibles avec le libre exercice de la pêche française.

» A cet effet, un embarcadère (wharf) pourra être établi sur un point de la côte désigné d'un commun accord par les commandants des croiseurs des deux pays,

» Les constructions nécessaires à l'exploitation de la mine seront élevées sur la partie du territoire située en dehors des limites fixées dans l'état ci-annexé pour l'exercice de la pêche française. »

C'est donc bien un simple cheval de bataille, avec lequel on compte nous enlever un renoncement sans compensation à nos droits séculaires ; c'est de l'égoïsme, mais c'est de la bonne diplomatie : la fin seule justifie les moyens !

Ces moyens, on les a justifiés plusieurs fois en mettant à exécution les concessions qui étaient arrachées à notre bonne foi et à nos sentiments de conciliation, mais en se refusant à nous laisser jouir des arrangements favorables qui nous avaient été consentis par compensation et par réciprocité. C'est ce qu'on appelle s'approprier les avantages d'un contrat et rejeter les servitudes accordées en échange des dits avantages, dont on ose se prévaloir comme d'un droit acquis, ce qui eut lieu lors de la construction du wharf de la baie Saint-Georges.

De la non-concurrence

Le but et le moyen d'éviter les querelles étaient, bien entendu, de faire la part des exigences de chacun. Pour obvier aux querelles engendrées par la concurrence, il fallait, en droit commun et en fait, que les compétiteurs à l'usage exclusif fussent séparés. C'est à cet ordre d'idées qu'il faut attribuer la manière dont on procéda pour diviser la côte de Terre-Neuve en deux zônes : la France renonçait au droit de pêche qu'elle avait du cap Bona-Vista au cap Saint-Jean ; de son côté et en retour, la Grande-Bretagne nous cédait en plus le droit de pêche de la pointe Riche au cap Raye, nous donnant ainsi, en compensation de notre rétrocession, une étendue de côtes au moins égale à celle que noue cédions. Cette extension, consentie en 1783, prouve bien que la pêche en concurrence n'existait pas, puisque l'on fait tout pour la délimiter à nouveau et éloigner autant que possible le contact entre Français et Anglais. Du traité de 1783, il ressort donc que le droit exclusif de pêche est bien délimité pour les Français d'un côté, sur les rivages encore inoccupés ; de l'autre, pour les Anglais, sur la partie des côtes où les centres d'habitants d'origine anglaise semblaient déjà vouloir se grouper.

Empêcher les pêcheurs anglais de troubler par *leur concurrence* les pêcheurs français, n'était-ce pas empêcher de faire concurrence à nos pêcheurs ? C'était, en d'autres termes, affirmer que les pêcheurs français avaient un droit exclusif.

En 1822, le gouverneur de Terre-Neuve, Hamilton, n'était pas moins explicite quand il proclamait que le droit de pêche était réservé aux sujets de Sa Majesté Très-Chrétienne, du cap Saint-Jean au cap Raye, et qu'ils devaient avoir pleine et entière jouissance de la pêche dans les limites et lieux énoncés.

Il est bon de ne pas perdre de vue qu'en 1835, les jurisconsultes anglais Dodson, Campbell et Rolfe, consultés par leur gouvernement, déclarèrent que les sujets français avaient le droit exclusif de pêcher sur la partie de la côte de Terre-Neuve définie au traité de 1783.

Puisque, d'après les déclarations de 1783 et l'Act de 1788, les Anglais et les Terreneuviens ne peuvent avoir de bâtiments de pêche dans les eaux terreneuviennes du French-Shore, il est vraisemblable qu'ils n'ont le droit de s'y livrer à aucune sorte de pêche, pas même et surtout à celle du homard.

Utilité des droits de la France au French-Shore

Les Anglais, dans leur presse, nous servent constamment cet argument : « Les côtes de Terre-Neuve sont, pour ainsi dire, inoccupées ; donc elles ne sont bonnes à rien pour vous, et vous les détenez inutilement. »

L'argument est plus spécieux que logique : un lieu de pêche est toujours bon lorsqu'il est régulièrement fréquenté par le poisson. Or, les Anglais savent aussi bien que nous que la morue est un poisson essentiellement migrateur, et, pour ainsi dire, nomade. Ils savent également que les côtes de Terre-Neuve, du French-Shore notamment, ont été très poissonneuses en morue, capelan et hareng ; ils ne doivent point oublier non plus que si cette dépopulation est survenue depuis une quinzaine d'années, elle est surtout due au manque de réglementation élémentaire de la pêche chez leurs nationaux, qui ont ruiné les fonds en y jetant des détritus qui ont empoisonné le poisson et en employant ces fameuses trappes barrant le passage à la morue, qui a dû prendre la direction des bancs. S'il est admis que les côtes du French-Shore ont été très poissonneuses, ce qui ne fait doute pour personne, qui peut prévoir qu'elles ne le redeviendront pas dans un avenir plus ou moins prochain ? Dans cet espoir fort réalisable, l'industrie nationale de la grande pêche peut-elle, de gaîté de cœur, se désintéresser d'une richesse qui est sa propriété exclusive et qui fait vivre plus de 50.000 personnes ?

Dans l'état de choses actuel, la conservation du French-Shore a encore une plus grande utilité pour notre industrie nationale par la situation que nous a faite le Bait-Bill terreneuvien en prohibant la vente et l'exportation de la boëtte.

N'est-ce pas le Bait-Bill, n'en déplaise aux Terre-neuviens, qui a renové et rajeuni l'importance du French-Shore pour les pêcheurs français? N'est-ce pas, en effet, le seul endroit où nous puissions aller en toute liberté nous approvisionner de boëtte, puisque l'ostracisme jaloux des Terreneuviens, croyant nous atteindre, nous a chassés de ces lieux de pêche et a interdit à ses nationaux plaignant la faim de nous exporter cet appât, largement rémunéré par nous chaque année à environ 20.000 livres.

A la suite de cet exposé loyal, peut-on soutenir que le French-Shore nous soit inutile et que nos revendications soient tracassières? Cette situation serait déjà devenue une ruine, si notre industrie de la grande pêche ne s'était ingéniée à trouver à et remplacer ce que l'on nous supprimait brutalement pour nous atteindre plus sûrement. Aujourd'hui, grâce au bulot, demain, grâce à autre chose peut-être, nous ne serons pas tributaires des intraitables insulaires de Terre-Neuve, mais notre devoir est de faire valoir nos droits, et nous n'y faillirons pas.

Conclusions

Nous en convenons, notre situation d'usufruitiers au French-Shore est unique au monde; en somme, elle est plus horripilante au jingoïsme que préjudiciable aux intérêts matériels des Terreneuviens, y compris les mines et les exploitations agricoles : nos droits sont donc encore moins incontestables qu'incontestés. Bien que considérés par les Terreneuviens, pour les besoins de leur cause, comme tombés en désuétude, on ne peut admettre sérieusement que l'ancienneté des traités soit une raison soutenable de les tenir pour abrogés. Au surplus, l'Angleterre considère le traité d'Utrecht comme très existant en tant qu'il lui maintient et consacre son droit de souveraineté sur Terre-Neuve; elle serait donc mal fondée et mal venue à le déclarer conservé à son avantage et disparu, même par caducité, quant aux obligations à remplir qu'il lui impose. Un traité est indivisible, et l'une des parties contractantes ne saurait, sans violer le droit des gens, en retenir seulement les points favorables. Il en est ainsi dans le droit privé : celui qui reçoit un immeuble avec réserve de servitude au profit du disposant est tenu de respecter cette servitude résultant du contrat qui lui attribue la propriété et la possession de l'immeuble. Telle est la situation de Terre-Neuve, où les traités d'Utrecht et de Versailles, comportant cession de cette île à la Grande-Bretagne, nous réservent le droit d'être les usufruitiers des biens et richesses que peuvent recéler les mers baignant les rivages du French-Shore.

Nous devons donc protester de la manière la plus formelle contre la caducité des traités que l'on veut nous imposer. Les documents diplomatiques anglais qui ont reconnu l'intégralité de nos droits au French-Shore sont trop nombreux et trop importants pour qu'ils puissent être mis en doute, sans même faire appel à l'autorité des personnages politiques qui y ont collaboré. Pour mémoire, rappelons la convention de 1857, que l'on pourrait citer comme le modèle de lucidité et de précision sur tout ce qui a été écrit au sujet de la question de Terre-Neuve : pas un point litigieux n'y a été laissé de côté. Il est inconcevable qu'après avoir été verser notre sang en Crimée pour des intérêts anglais, nous n'ayons pas reçu de l'Angleterre cette satisfaction, bien platonique auprès des sacrifices faits pour elle, de faire reconnaître nos droits une bonne fois par ses sujets de Terre-Neuve. Si le gouvernement impérial avait eu plus de fermeté et d'opiniâtreté, n'était-ce pas le moment de s'opposer à une ratification par le Parlement de Terre-Neuve, indigne de faire échec à une grande nation comme était la France vis-à-vis l'Angleterre ?

Des tentatives encore plus infructueuses ont échoué en 1884, 1885 et en 1891 devant l'obstruction de parti-pris du Parlement de Terre-Neuve, qui répond à nos ouvertures de bonne entente et de conciliation par les représailles du Bait-Bill, qui, à les entendre, devait porter le coup mortel à nos grandes pêches et leur assurer le quasi-monopole du marché de morues. Heureusement, du plus profond des mers, le bulot est venu à notre aide en temps opportun pour nous permettre de déjouer la vilenie de perfidies si peu amicales.

L'intérêt mercantile est si bien le seul mobile de cette grave affaire, qui a failli, dit-on, devenir un *casus belli*, que l'on est allé jusqu'à exiger la suppression des primes accordées, depuis plus d'un demi-siècle, à la grande pêche, comme si ces primes avaient un but mercantile laissant de côté celui plus noble et plus patriotique de voir le gouvernement participer à la formation et à l'instruction annuelle de dix mille marins, qui, aguerris à la navigation la plus dure et la plus périlleuse, forment en quelque sorte l'élite de ces vaillants marins toujours prêts à compléter les équipages de notre flotte de guerre. En somme, la navigation à la grande pêche n'est qu'une école pratique de marins à former aux dépens et aux frais des armateurs.

Au lieu de menaces de guerre, qui oppriment les meilleures causes, ou de compromissions préjudiciables soit aux uns, soit aux autres, jamais plus belle occasion ne s'est offerte, pour deux grandes nations amies, de se témoigner leurs sentiments d'amitié en faisant acte de démonstration et d'adhésion aux principes admis de la paix universelle, en confiant le litige du French-Shore à un arbitrage international de haute compétence.

Nos droits séculaires d'usufruitiers des biens maritimes de la mer et des rivages du French-Shore de Terre-Neuve sont tellement imprescriptibles et indéniables, malgré les empiètements dont ils ont été l'objet, malgré aussi les concessions de conciliation arrachées à notre bonne foi, qu'en somme nous ne demandons qu'une chose, qu'ils soient respectés et observés avec la sincérité et la ponctualité à nous promises quand nous avons fait cession de Terre-Neuve à l'Angleterre. Que le peuple anglais, soucieux de sa bonne renommée de loyauté, s'inspire des déclarations encore récentes de lord Salisbury, qui, en grand homme d'Etat, a su, en la circonstance, s'élever au-dessus des querelles de partis et tenir un langage loyal et ferme, exempt d'ambiguïtés et de réticences oratoires :

« Nous avons, a-t-il dit, des intérêts très » sérieux à défendre, et nous avons aussi de » grandes obligations internationales à rem- » plir, obligations contractées envers une » puissance qui a, elle aussi, ses susceptibi- » lités. Et il est de notre honneur de remplir » ces obligations *d'une manière scrupuleuse*,

» en ayant égard à la paix du monde et à la
» bonne harmonie internationale. Ces obli-
» gations internationales sont *supérieures à*
» *tous les droits* des habitants de Terre-
» Neuve. Nous ne leur avons pas imposé le
» traité, ils sont allés dans un pays où le
» traité existait déjà et faisait loi. Il est essen-
» tiel que nous ayons les pouvoirs néces-
» saires pour défendre nos intérêts ainsi que
» ceux de nos concitoyens, pour nous con-
» former au droit international, pour remplir
» nos *obligations conventionnelles,* enfin pour
» tenir la parole donnée par le pays. »

Que nos gouvernants s'inspirent de la franchise et de la loyauté de cette déclaration importante et laissent la parole à l'Angleterre avec le soin de mettre ses actes d'accord avec ses propres déclarations de 1783, de 1857, de 1884 et de 1891.

Imprimerie BAZIN, Saint-Malo.

www.ingramcontent.com/pod-product-compliance
Ingram Content Group UK Ltd.
Pitfield, Milton Keynes, MK11 3LW, UK
UKHW020219200726
13856UKWH00004B/1490

9 782013 395564